Mario Quintana

APONTAMENTOS DE HISTÓRIA SOBRENATURAL

QUINTANA P

1- Signo do Leão (30 de

po Az

o a mã

passo

de te

afugen

Mario Quintana

APONTAMENTOS DE HISTÓRIA SOBRENATURAL

ALFAGUARA

Todos os direitos desta edição reservados à
EDITORA OBJETIVA LTDA.
Rua Cosme Velho, 103
Rio de Janeiro – RJ – CEP: 22241-090
Tel.: (21) 2199-7824 – Fax: (21) 2199-7825
www.objetiva.com.br

COLEÇÃO MARIO QUINTANA

ORGANIZAÇÃO
Italo Moriconi

PROJETO DE CAPA E MIOLO
Mariana Newlands

IMAGENS DE CAPA
Eneida Serrano

MANUSCRITOS DE CAPA E MIOLO
Acervo Mario Quintana/Acervo Instituto Moreira Salles

REVISÃO
Fatima Fadel
Joana Milli

EDITORAÇÃO ELETRÔNICA
Abreu's System Ltda.

PRISA EDIÇÕES

CIP-BRASIL. CATALOGAÇÃO NA FONTE
(SINDICATO NACIONAL DOS EDITORES DE LIVROS, RJ, BRASIL)

Q67a

Quintana, Mario
Apontamentos de história sobrenatural / Mario Quintana.
– Rio de Janeiro: Objetiva 2012.

203p. ISBN 978-85-7962-144-4

1. Poesia brasileira. I. Título.

12-3871. CDD: 869.91
CDU: 821.134.3(81)-1

Sumário

O poema, a magia e o nobre animal

Cíntia Moscovich

Era década de 70, era a faculdade de jornalismo e era um daqueles encontros em que se debatia literatura. Naquele dia, dois professores iriam falar sobre a obra de Mario Quintana. O melhor de tudo: o poeta, que era jornalista e avessíssimo a falar em público, prometeu estar presente.

Cheguei cedo, e o Mario já se havia instalado num dos assentos da primeira fila. A bengala descansava junto à perna. O auditório lotou em seguida.

O primeiro professor falou sobre intrincadas relações dialógicas, enquanto o segundo discorreu sobre signos, símbolos e significados na obra quintanesca. O poeta, que descansava o queixo sobre as mãos apoiadas no castão da bengala, bocejava de vez em quando.

Perguntas, interpretações, debates. Por um segundo, tive a impressão de que o poeta cochilava. Só impressão. Quando, por fim, pediram ao Mario uma palavrinha que fosse, ele consentiu e lá daquele jeito dele agradeceu muito o interesse por sua poesia. Fez, no entanto, uma ressalva:

— Tenho de confessar que nunca pensei em nenhuma dessas coisas que vocês falaram *aí* — bem-humorado, mas com certo desprezo, apontou com a bengala para a mesa: — Eu só faço uns poemas, nunca quis dizer nada além disso, ora bolas! — e levantou-se, pronto para ir embora.

A plateia desandou a rir, mas, enquanto o Mario se retirava, fez-se um silêncio quase meditativo. Foi um momento de iluminação para muitos de nós: a poesia do Mario era tão encantadora porque todo o esforço se concentrava justamente em fazer dos versos montagens simples, embora transcendentes. Mais do que as frases de efeito e de humor, que alentaram o folclore do velhinho bonzinho mas de tiradas rápidas e nem tão ingênuas, Mario se dedicava a uma amorosa forma de prestidigitação com as palavras, ilusão de movimentos econômicos e que aguçavam, e aguçam, intensamente a consciência do leitor. O que ele quis dizer, no auditório da faculdade de jornalismo, era isso: vocês se esfalfam para descobrir o truque quando o importante é desfrutar da mágica.

Para mais de uma geração de leitores, a possibilidade de topar com o Mario na Feira do Livro de Porto Alegre, contar com ele na vida cotidiana da cidade — e testemunhar os momentos em que ele pronunciava aquelas sentenças tão irônicas quanto afetuosas — fez com que ler poesia se tornasse uma atividade usual e quase fácil. Nesse *Apontamentos de história sobrenatural*, lançado para comemorar seus 70 anos, fica fácil entender a magia do poeta do Alegrete. Aqui, Mario nos oferece formas tradicionais, como sonetos e odes, sem parecer convencional; ao mesmo tempo, leva o leitor à prosa poética e às frases desconcertantes que foram sua marca. Em poemas que são adorados desde sempre, como *O mapa*, se vê como o gênero, na mão dele, se tornava leve e ligeiro — não no sentido de ser rápido ou raso, mas no sentido de ser gracioso sem nunca, jamais, deixar de ser superior.

Pensando bem, Quintana tinha razão: nobre animal, o poeta.

Apontamentos de história sobrenatural

(1976)

Eis o meu primeiro livro cujos poemas saem mais ou menos na sua ordem cronológica. Porque antes se reuniam numa ordem lógica: sonetos com seus companheiros de lirismo um tanto boêmio, canções com suas irmãs de dança, quartetos filosofando uns com outros, porém num riso malcontido, diante da seriedade que se presume existir num simpósio, poemas em prosa proseando amigavelmente sobre isto e aquilo, poemas oníricos com suas perigosas magias de aprendizes de feiticeiro. Foram reeditados num só volume, *Poesias* — o que levou alguns a pensar que a cronologia de publicação dos livros indicava uma evolução do autor, quando foram feitos simultaneamente ao longo de anos. O fato é que nunca evoluí. Fui sempre eu mesmo.

Incluem-se aqui os poemas da última parte da *Antologia poética*, por não constarem de nenhuma obra anterior e por serem, como estes de agora, igualmente variados e promíscuos — e ainda porque, esgotada a *Antologia*, talvez ficassem ignorados da minha mais recente geração de leitores.

O meu agradecimento à Editora Globo e ao Instituto Estadual do Livro, que fizeram questão de publicar este ano este livro para comemorar... o quê?... Ora! Creio que simplesmente para comemorar a vida.

M. Q.
Porto Alegre, 30 de julho de 1976.

Data

Duas laranjas
Um copo d'água ao lado
As moedinhas da luz em torno

Perto
A folhinha marca 13 de janeiro

Ritmo

Na porta
a varredeira varre o cisco
varre o cisco
varre o cisco

Na pia
a menininha escova os dentes
escova os dentes
escova os dentes

No arroio
a lavadeira bate roupa
bate roupa
bate roupa

até que enfim
                    se desenrola
                                        toda a corda

e o mundo gira imóvel como um pião!

O tempo e o vento

PARA ERICO VERISSIMO,
EM COMEMORAÇÃO AOS SEUS 65 ANOS

Havia uma escada que parava de repente no ar
Havia uma porta que dava para não se sabia o quê
Havia um relógio onde a morte tricotava o tempo

Mas havia um arroio correndo entre os dedos
[buliçosos dos pés
E pássaros pousados na pauta dos fios do telégrafo

E o vento!

O vento que vinha desde o princípio do mundo
Estava brincando com teus cabelos...

* * * * *

A beleza dos versos impressos em livro
— serena beleza com algo de eternidade —
Antes que venha conturbá-los a voz das declamadoras.
Ali repousam eles, misteriosos cântaros,
Nas suas frágeis prateleiras de vidro...
Ali repousam eles, imóveis e silenciosos.
Mas não mudos e iguais como esses mortos em suas tumbas.
Têm, cada um, um timbre diverso de silêncio...
Só tua alma distingue seus diferentes passos,
Quando o único rumor em teu quarto
É quando voltas, de alma suspensa — mais uma página
Do livro... Mas um verso fere o teu peito como a espada
[de um anjo.
E ficas, como se tivesses feito, sem querer, um milagre...
Oh! que revoada, que revoada de asas!

O adolescente

A vida é tão bela que chega a dar medo,

Não o medo que paralisa e gela,
estátua súbita,
mas

esse medo fascinante e fremente de curiosidade que faz
o jovem felino seguir para a frente farejando o vento
ao sair, a primeira vez, da gruta.

Medo que ofusca: luz!

Cumplicemente,
as folhas contam-te um segredo
velho como o mundo:

Adolescente, olha! A vida é nova...
A vida é nova e anda nua
— vestida apenas com o teu desejo!

Crônica

SÃO PAULO, 23 — Morreu ontem o trapezista René Bugler, internado quando o mastro em que fazia acrobacias quebrou e ele caiu de uma altura de 10 metros. (Do noticiário.)

A pantera é uma curva em movimento:
vai-se desenrolando como um desenho.
Mas a sua harmonia é linear como
a figura que, na sucessão de um friso,
repete-se, com o andante ritmo de um verso
num poema...
O trapezista,
entanto,
não quer a pauta de uma corda única
e a curva do seu voo traça geometrias no espaço,
vai e volta, mergulha, sobe, entrelaça-se
como se brincasse consigo mesma.
Só não se brinca com a imperfeição das coisas...
e a tua dança aérea, ó pobre René Bugler,
interrompeu-se:
tombaste, da altura de 10 metros, os braços abertos em cruz
e a maravilhosa curva que traçavas
imobilizada de súbito num corpo inerte.

Sim, tu estás, agora, na reta horizontalidade da morte.
A morte odeia as curvas, a morte é reta
como uma boca fechada.
Tenho até remorsos de fazer-te um poema...
O poema
— o poema da tua vida
está apenas nisto,
nestas simples palavras:
"René Bugler, trapezista,
morto aos 22 anos
no exercício da sua arte".

* * * * *

Nítido, no espelho,
Meu quarto projeta-se
Em parte nenhuma...
Um dia estarei,
Tão nítido assim,
Em parte nenhuma?

Elegia

Há coisas que a gente não sabe nunca o que fazer com elas...
Uma velhinha sozinha numa gare.
Um sapato preto perdido do seu par: símbolo
Da mais absoluta viuvez.
As recordações das solteironas.
Essas gravatas
De um mau gosto tocante
Que nos dão as velhas tias.
As velhas tias.
Um novo parente que se descobre.
A palavra "quincúncio".
Esses pensamentos que nos chegam de súbito nas ocasiões
[mais impróprias.
Um cachorro anônimo que resolve ir seguindo a gente pela
[madrugada na cidade deserta.
Este poema, este pobre poema
Sem fim...

Canção

Cheguei a concha da orelha
à concha do caracol.

Escutei
vozes amadas
que eu julgava
eternamente perdidas.

Uma havia
que dentre as outras mais graves
tão clara e alta se erguia...

que eu custei mas descobri
que era a minha própria voz:
sessenta anos havia
ou mais
que ali estava encerrada.

Meu Deus, as coisas que ela dizia!
as coisas que perguntava!

Eu deixei-as sem resposta.

As outras vozes, mais graves,
tampouco
nenhuma lhe respondia.

O mundo é um búzio oco,
menino...

Mundo de vozes perdidas
e onde apenas o eco
eternamente
repete as mesmas perguntas.

Interrogações

Nenhuma pergunta demanda resposta.
Cada verso é uma pergunta do poeta.
E as estrelas...
as flores...
o mundo...
são perguntas de Deus.

A alma e o baú

Tu que tão sentida e repetida e voluptuosamente te entristeces
[e adoeces de ti,
é preciso rasgar essas vestes de dó,
as penas é preciso raspar com um caco, uma
por uma: são
crostas...
E sobre a carne viva
nenhuma ternura sopre.
Que ninguém acorra.
Ninguém, biblicamente, com os seus bálsamos e olores...
Ah, tu com as tuas causas e lousas, teus badulaques, teus ais
[ornamentais, tuas rimas,
esses guizos de louco...
A tua alma (tua?) olha-te, simplesmente.
Alheia e fiel como um espelho.
Por supremo pudor, despe-te, despe-te, quanto mais nu
[mais tu,
despoja-te mais e mais.
Até a invisibilidade.
Até que fiquem só espelho contra espelho
num puro amor isento de qualquer imagem
— Mestre, dize-me... e isso tudo valerá acaso a perda
[de meu baú?

Canção de inverno

O vento assovia de frio
nas ruas da minha cidade
enquanto a rosa dos ventos
eternamente despetala-se...

Invoco um tom quente e vivo
— o lacre num envelope? —
e a névoa, então, de um outro século
no seu frio manto envolve-me....

Sinto-me naquela antiga Londres
onde eu queria ter andado
nos tempos de Sherlock — o Lógico
e de Oscar — o pobre Mágico...

Me lembro desse outro Mario
entre as ruínas de Cartago
e me pergunto: — Aonde irão
morar nossos pobres fantasmas?!

E para sempre perdido
nas ruas da Cidade Nova
o vento procura, em vão,
ler os cartazes antigos...

O espelho

E como eu passasse por diante do espelho
não vi meu quarto com as suas estantes
nem este meu rosto
onde escorre o tempo.

Vi primeiro uns retratos na parede:
janelas onde olham avós hirsutos
e as vovozinhas de saia-balão
como paraquedistas às avessas que subissem do fundo
[do tempo.

O relógio marcava a hora
mas não dizia o dia. O Tempo,
desconcertado,
estava parado.

Sim, estava parado
em cima do telhado...
como um cata-vento que perdeu as asas!

S. O. S. em Babilônia

Na cidade dos ruídos mecânicos, atrozes
— Onde as rãs, onde os grilos, onde as misteriosas vozes

que urdiam a rede dos côncavos silêncios noturnos?

Os arroios se foram no ralo agonizante das pias...

As últimas procissões
com as suas campânulas cada vez mais remotas
vão andando de costas como um filme passado às avessas...

(Eu estou gravando este lento poema nas paredes de uma cela)

O autorretrato

No retrato que me faço
— traço a traço —
às vezes me pinto nuvem,
às vezes me pinto árvore...

às vezes me pinto coisas
de que nem há mais lembrança...
ou coisas que não existem
mas que um dia existirão...

e, desta lida, em que busco
— pouco a pouco —
minha eterna semelhança,

no final, que restará?
Um desenho de criança...
Corrigido por um louco!

Retrato

Morreu ontem.
Portanto, o seu retrato está completo.
A longa vida — sabe Deus com que trabalho —
deixou-nos, na lembrança,
por final,
em companhia de um velhinho suave...

Mas um velhinho suave como os couros gastos,
as madeiras polidas pelo uso,
como os seixos rolados

— suave e rijo!

Sua voz grave e trêmula tinha o som do tempo
e nós sempre nos espantávamos de a estar ouvindo

porque era como se alguém tangesse o silêncio.

A primeira aventura

O corpo se esfez na terra:
o sopro que Deus lhe dera
está livre como o vento.

Nunca pensou que pudesse
andar por tantas lonjuras
como anda o pensamento.

Mas não era de turismos...

Voltou, ficou por ali...
leu o resto de uma página
que deixara interrompida...

Sentou no topo da escada.
Sentou à beira da estrada.
Morte — que grande estopada!

Até que um Anjo Glorioso
passou
olhou
não viu nada

... um anjo tão esplendente

que a própria luz o cegava!

Lunar

As casas cerraram seus milhares de pálpebras.
As ruas pouco a pouco deixaram de andar.
Só a lua multiplicou-se em todos os poços e poças.
Tudo está sob a encantação lunar...

E que importa se uns nossos artefatos
lá conseguiram afinal chegar?
Fiquem armando os sábios seus bodoques:
a própria lua tem sua usina de luar...

E mesmo o cão que está ladrando agora
é mais humano do que todas as máquinas.
Sinto-me artificial com esta esferográfica.

Não tanto... Alguém me há de ler com um meio-sorriso
cúmplice... Deixo pena e papel... E, num feitiço antigo,
à luz da lua inteiramente me luarizo...

Paisagem

Sol e sombra brincavam de esconder
sobre o rosto do primeiro morto.

Perto dele, cantavam as águas,
porque ainda apenas sabiam cantar.

Cantavam as águas inocentemente
sua canção de continuar...

— e ele também não sabia de nada!

Emergência

Quem faz um poema abre uma janela.
Respira, tu que estás numa cela
abafada,
esse ar que entra por ela.
Por isso é que os poemas têm ritmo
— para que possas profundamente respirar.

Quem faz um poema salva um afogado.

Mundos

Um elevador lento e de ferragens Belle Époque
me leva ao antepenúltimo andar do Céu,
cheio de espelhos baços e de poltronas como o *hall*
de qualquer um antigo Grande Hotel,

mas deserto, deliciosamente deserto
de jornais falados e outros fantasmas da TV,
pois só se vê, ali, o que ali se vê
e só se escuta mesmo o que está bem perto:

é um mundo nosso, de tocar com os dedos,
não este — onde a gente nunca está, ao certo,
no lugar em que está o próprio corpo

mas noutra parte, sempre do lado de lá!
não, não este mundo — onde um perfil é paralelo ao outro
e onde nenhum olhar jamais se encontrará...

Vidas

Nós vivemos num mundo de espelhos,
mas os espelhos roubam nossa imagem...
Quando eles se partirem numa infinidade de estilhas
seremos apenas pó tapetando a paisagem.

Homens virão, porém, de algum mundo selvagem
e, com estes brilhantes destroços de vidro,
nossas mulheres se adornarão, seus filhos
inventarão um jogo com o que sobrar dos ossos.

E não posso terminar a visão
porque ainda não terminou o soneto
e o tempo é uma tela que precisa ser tecida...

Mas quem foi que tomou agora o fio da minha vida?
Que outro lábio canta, com a minha voz perdida,
nossa eterna primeira canção?!

Pequeno poema didático

PARA LIANE DOS SANTOS

O tempo é indivisível. Dize,
Qual o sentido do calendário?
Tombam as folhas e fica a árvore,
Contra o vento incerto e vário.

A vida é indivisível. Mesmo
A que se julga mais dispersa
E pertence a um eterno diálogo
A mais inconsequente conversa.

Todos os poemas são um mesmo poema,
Todos os porres são o mesmo porre,
Não é de uma vez que se morre...
Todas as horas são horas extremas...

E todos os encontros são adeuses!

Arquitetura funcional

PARA FERNANDO CORONA
E ANTONIETA BARONE

Não gosto da arquitetura nova
Porque a arquitetura nova não faz casas velhas
Não gosto das casas novas
Porque as casas novas não têm fantasmas
E, quando digo fantasmas, não quero dizer essas assombrações
[vulgares
Que andam por aí...
E não-sei-quê de mais sutil
Nessas velhas, velhas casas,
Como, em nós, a presença invisível da alma... Tu nem sabes
A pena que me dão as crianças de hoje!
Vivem desencantadas como uns órfãos:
As suas casas não têm porões nem sótãos,
São umas pobres casas sem mistério.
Como pode nelas vir morar o sonho?
O sonho é sempre um hóspede clandestino e é preciso
(Como bem sabíamos)
Ocultá-lo das visitas
(Que diriam elas, as solenes visitas?)

É preciso ocultá-lo das outras pessoas da casa,
É preciso ocultá-lo dos confessores,
Dos professores,
Até dos Profetas
(Os Profetas estão sempre profetizando outras cousas...)
E as casas novas não têm ao menos aqueles longos,
[intermináveis corredores
Que a Lua vinha às vezes assombrar!

Olho as minhas mãos

Olho as minhas mãos: elas só não são estranhas
Porque são minhas. Mas é tão esquisito distendê-las
Assim, lentamente, como essas anêmonas do fundo do mar...
Fechá-las, de repente,
Os dedos como pétalas carnívoras!
Só apanho, porém, com elas, esse alimento impalpável
[do tempo,
Que me sustenta, e mata, e que vai secretando o pensamento
Como tecem as teias as aranhas.
A que mundo
Pertenço?
No mundo há pedras, baobás, panteras,
Águas cantarolantes, o vento ventando
E no alto as nuvens improvisando sem cessar.
Mas nada, disso tudo, diz: "existo".
Porque apenas existem...
Enquanto isto,
O tempo engendra a morte, e a morte gera os deuses
E, cheios de esperança e medo,
Oficiamos rituais, inventamos
Palavras mágicas,
Fazemos

Poemas, pobres poemas
Que o vento
Mistura, confunde e dispersa no ar...
Nem na estrela do céu nem na estrela do mar
Foi este o fim da Criação!
Mas, então,
Quem urde eternamente a trama de tão velhos sonhos?
Quem faz — em mim — esta interrogação?

Poemas

O grilo procura
no escuro
o mais puro diamante perdido.

O grilo
com as suas frágeis britadeiras de vidro
perfura

as implacáveis solidões noturnas.

E se o que tanto buscas só existe
em tua límpida loucura

— que importa? —

isso
exatamente isso
é o teu diamante mais puro!

Cuidado!

Nós somos gestantes da alma... Cuidado!
É preciso muito, muito cuidado
Para que a alma possa nascer normal na outra vida.
Nesta, ela mal pode, ela quase não tem tempo de ficar pronta!
Como é possível, com esses cuidados e mais cuidados
[sem conta,
Ah, toda essa vergonha de sermos devorados
— meticulosamente — por milhões de ratos
[durante sessenta, setenta, oitenta anos
Quando bem poderia surgir de súbito o nobre leão da morte
Na plenitude nossa
Como acontece com os heróis da Ilíada,
Mas os heróis só morrem — no País da Ilíada —
Belos e jovens...
Aqui, qualquer heroísmo se desmoraliza dia a dia como
[a barba do Tempo arrancada, fio a fio, das folhinhas...
Como é possível, como é possível uma alma triturada
[assim pelos relógios?
Como é possível nascer com um barulho destes?!

Poema olhando um muro

Do
escuro do meu quarto
— imóvel como um felino, espio
a lagartixa imóvel sobre o muro: mal sabe ela
da sua graça ornamental, daquele
verde
intenso
na lividez mortal
da pedra... ah, nem sei eu também o que procuro, há tanto...
nesta minha eterna espreita!
Pertenço acaso à raça odiada dos mutantes?
Ou
sou, talvez
— em meio às espantosas aparências de algum mundo
[estranho —
um espião que houvesse esquecido o seu código, a
[sua sigla, tudo...
— menos
a gravidade da sua missão!

O morituro

Por que é que assim, com suas caras móveis e simiescas,
os vivos nos devassam, num cínico impudor?
Por que nos olham assim — como se fôramos cousas —
quando os nossos traços vão repousando, enfim,
na tranquila dignidade da morte?
Por que é que eles, com a sua obscena curiosidade,
não respeitam o ato mais íntimo de nossa vida
— ato que deveria ser testemunhado apenas pelos Anjos?
Ah, que Deus me guarde na hora de minha morte, amém,
que Deus me guarde da humilhação desse espetáculo
e me livre de todos, de todos eles:
não quero os seus olhos pousando como moscas
[na minha cara.
Quero morrer na selva de algum país distante...
Quero morrer sozinho como um bicho!

Instrumento

Impossível fazer um poema
neste momento.
Não, minha filha, eu não sou a música
— sou o instrumento.

Sou, talvez, dessas máscaras ocas
num arruinado monumento:
empresto palavras loucas
à voz dispersa do vento...

Axiomas

Um ovo, um cacto, um chafariz, um anjo de túmulo, um lampião é o único que existe. E um cavalo... ah, é verdadeiro porque é único. Um poeta é o único poeta que existe no mundo. Deus é o Deus único e verdadeiro.

Descobertas

Descobrir continentes é tão fácil como esbarrar com
[um elefante:
Poeta é o que encontra uma moedinha perdida...

Elegia urbana

Rádios. Tevês.

Goooooooooooooooooooooolo!!!

(O domingo é um cachorro escondido debaixo da cama)

Escadas

Escadas de caracol
Sempre
São misteriosas: conturbam.
Quando as desce, a gente
Se desparafusa.
Quando a gente as sobe
Se parafusa
                    — o peito
                    estreito —
                                        o teto descendo
Descendo descendo como nas histórias de imortal horror!
Mas de que jeito,
Mas como pode ser,
Morrer cair rolar por uma escada de parafuso?
Além disso não têm, pelo que dizem, nenhuma acústica...
Oh! não há como as escadarias daqueles antigos edifícios
                                                                                                    [públicos
Para ser assassinado...
Porém não fiques tão eufórico,
— nem tudo são rosas:
Há,
No sonho das velhas casas de cômodos onde moras,

Passos que vêm subindo degrau por degrau em direção
[ao teu quarto
E "sabes" que é um fantasma chamejante e fosfóreo
— o corpo todo feito de inconsumíveis labaredas verdes!
O melhor
Mesmo
É fechar os olhos
E pensar numa outra coisa...
Pensa, pensa
— o quanto antes!
Naquelas pobres escadas de madeira das casas pobres
— escurinho dos teus primeiros aconchegos...
Pensa em cascatas de risos
Escada abaixo
De crianças deixando a escola...
Pensa na escada do poema
Que tu
comigo
vens descendo
agora...
(Hoje em dia todas as escadas são para descer)
Mas não! este poema não é
Nenhum
Abrigo
Antiaéreo...
Ah, tu querias que eu te embalasse?!
Eu estava, apenas, explorando uns abismos...

O ovo *sapiens*

O homem não pode pensar os longos pensamentos esparsos
[e dispersos das árvores rumorejando,
das árvores criando inumeravelmente as folhas,
o homem não pode distendê-los irresponsáveis e belos como
[as nuvens
cardadas pelo vento,
o homem pensa para dentro, e disto orgulha-se, porque
na sua cabeça cabe o universo
como num ovo.
Na sua cabeça está o universo
— aprisionado —
tal como estava dentro da mão de Deus
antes que seus dedos se abrissem na infinita distensibilidade
[da Criação.
O homem tem a pobre, a estreita cabeça
fechada...

(Porém não para sempre, meu Deus... Não para sempre!)

Retrato sobre a cômoda

PARA OSWALDO GOIDANICH

Ah! esses quadros de antanho
quase tão horríveis como a palavra antanho...
não de um horrível ridículo mas de um horrível triste,
porque se pode ver entre o vidro e o retrato
uma folha outrora verde, uns cabelos que já foram vivos
e agora para sempre imóveis na moldura negra
e, na fotografia, alguém está sorrindo eternamente
quando um sorriso, para ser sorriso, devia ser efêmero...
Lá fora é uma tarde *fin de siècle*, uma tarde outoniça que
[parece
tirada da gaveta desta cômoda.

... e, nas cartas antigas, também o amor amarelece.

Cantiguinha de verão

Anda a roda
Desanda a roda

E olha a lua a lua a lua!

Cada rua tem a sua roda
E cada roda tem a sua lua

No meio da rua
Desanda a roda: Oh,

Ficou a lua
Olhando em roda...

Triste de ser uma lua só!

Esconderijos do tempo

Pela corola do gramofone
o Caruso cantava *Una furtiva lagrima*
e ninguém levava a mal aquele tom fanhoso,
talvez porque todo o mundo sabia que ele já estava morto.
Se alguém espiasse pela goela do gramofone,
poderia ver como era o Outro Mundo,
mas ninguém olhava porque devia ser muito, muito longe
a ponto de estragar o som daquela maneira.
E o pobre Caruso cantava que te cantava afogado pelas águas
[do tempo
e por isso a sua voz era ainda mais pungente:
não é brinquedo estar morto e continuar cantando.
Caruso, eu estou pensando estas coisas não aqui e agora
mas naquele Café que tu sabes, lá por volta de 1923...
Também não é brinquedo continuar vivo e ficar falando
[para o que passou!

Motivo da rosa

A rosa, bela Infanta das sete saias
e cuja estirpe não lhe rouba, entanto,
o ar de menina, o recatado encanto
da mais humilde de suas aias,
a rosa, essa presença feminina,
que é toda feita de perfume e alma,
que tanto excita como tanto acalma,
a rosa... é como estar junto da gente
um corpo cuja posse se demora
— brutal que o tenhas nesta mesma hora,
em sua virgindade inexperiente...
Rosa, ó fiel promessa de ventura
em flor... rosa paciente, ardente, pura!

Tarde antiga

Era a mais suave, a mais azul das tardes...
tão calma que só poderá ter sido
naqueles tempos do bom Reyno Unido
de Portugal, Brasil & Algarve...
Te lembras dessas tardes, Dom João VI?
Pois foi por uma dessas nossas tardes.
Estava eu a meditar um texto
do meu querido Manuel Bernardes
eis senão quando... nada aconteceu:
apenas, eu... não era eu...
nem tu o Rei... as almas não têm nome...
e — no Todo onde tudo se consome —
a mesma pura chama consumia
minha miséria e tua hierarquia!

Encantação da primavera

Brotam brotinhos na tarde feita
Só de suspiros:
O amor é um vírus...
Apenas o general de bronze continua de bronze!
O vento desrespeita todos os sinais do tráfego.
Velhinhos de gravata-borboleta
Sobem e descem como autogiros.
O guarda do trânsito virou cata-vento.
As mulheres são de todas as cores como esses manequins
[expostos nas vitrinas,
E onde é que estão, me conta, as tuas esperanças mortas?!
Lá vão elas — tão lindas — vestidas de verde
Como Ofélias levadas pelos rios em fora
Enquanto eu nem me atrevo a olhar para o alto:
[repara se não é
O Espírito Santo que vem descendo em lento voo
E até ele, até Ele, deve estar, assim — todo irisado
Como os olhos das crianças, como as maravilhosas
[bolinhas de gude!
Não... Deve ser algum disco voador, apenas...
Ou então, uma dessas boas Irmãs de largas toucas brancas,

As mãos ao peito,
E que no céu deslizam como planadores.
Mas olha: mansamente lá vem atravessando a rua
Uma linda avozinha com sua neta pela mão.
(Uma avozinha consigo mesma pela mão!)
Bem... depois disto... não me perguntes nada, nada...

A Primavera mora no País do Agora!

* * * * *

Rãzinha verde, tu nem sabes quanto
foi o bem que eu te quis, ao encontrar-te...
tu me deste a alegria franciscana
de não fugires ao sentir meu passo.
Tão linda, tão magrinha, pele e ossos,
decerto ainda nem comeras nada...
minha pequena bailarina pobre!
Se eu fosse bicho... sabe lá que tontos
que verdes amores seriam os nossos...
Mas, se fosses gente, iríamos morar
sob um céu oblíquo de água-furtada,
um céu cara a cara — só nosso —
e aonde apenas chegasse o canto das cigarras
e o vago marulho do mundo afogado...

* * * * *

Mario, larga de ti esses berloques
e bandeirolas multicoloridas,
rasga essa fantasia...
e vem lançar teu uivo solitário
às estrelas, acesas e perdidas
por todo esse negror em que, perdidas,
vivem sonhando aonde irão...
e um dia... pode ser que Deus... então
te mostre a verdadeira luz — a Luz Primeira!
Mas tu, enovelando-te que nem um mundo
desses tantos que rolam por aí,
assim te fecharás — de orgulho ou medo —
como um bicho-de-conta, em Sua mão...

(E hão de guardar, os dois, o seu segredo!)

Eu sou aquele

PARA CARLOS NEJAR

Eu sou aquele que, estando sentado a uma janela,
a ouvir o Apóstolo das Gentes,
adormeci e caí do alto dela.
Nem sei mais se morri ou fui miraculado:

consultai os Textos, no lugar competente —
o que importa é que o Deus que eu tanto ansiava
como uma luz que se acendesse de repente,
era-me vestido com palavras e mais palavras

e cada palavra tinha o seu sentido...
Como as entenderia — eu tão pobre de espírito
como era simples de coração?

E pouco a pouco se fecharam os meus olhos...
e eu cada vez mais longe... no acalanto
de uma quase esquecida canção...

Eu ouço música

Eu ouço música como quem apanha chuva:
resignado
e triste
de saber que existe um mundo
do Outro Mundo...

Eu ouço música como quem está morto
e sente
já
um profundo desconforto
de me verem ainda neste mundo de cá...

Perdoai,
maestros,
meu estranho ar!

Eu ouço música como um anjo doente
que não pode voar.

O velho do espelho

PARA PAULO RÓNAI

Por acaso, surpreendo-me no espelho: quem é esse
Que me olha e é tão mais velho do que eu?
Porém, seu rosto... é cada vez menos estranho.
Meu Deus, meu Deus... Parece
Meu velho pai — que já morreu!
Como pude ficarmos assim?
Nosso olhar — duro — interroga:
"O que fizeste de mim?!"
Eu, Pai?! Tu é que me invadiste,
Lentamente, ruga a ruga... Que importa?! Eu sou, ainda,
Aquele mesmo menino teimoso de sempre
E os teus planos enfim lá se foram por terra.
Mas sei que vi, um dia — a longa, a inútil guerra! —,
Vi sorrir, nesses cansados olhos, um orgulho triste...

A grande enchente

Cadáveres de Ofélias e cadelas mortas
virão parar por um instante às nossas portas.

Porém — sempre à mercê dos redemoinhos —
prosseguirão depois seus incertos caminhos...

Quando a água alcançar as mais altas janelas
eu pintarei rosas de fogo em nossas faces amarelas.

Que importa o que há de vir? Tudo é poupado aos loucos
e os loucos tudo se permitem. Vamos!

Espíritos de deuses, sobre as águas pairamos.
Alguns de nós dizem que apenas somos nuvens...

Outros, uns poucos,
dizem que somos nada mais que mortos...

Mas não avisto, lá embaixo, os nossos próprios
defuntos... E em vão, também, olho em redor...

Onde é que estão vocês,
amigos, amigas, dos primeiros e dos últimos dias?

É preciso, é preciso, é preciso continuarmos juntos!
E, então, num último, e diluído, e triste pensamento
eu sinto que o meu grito é só a voz do vento...

Fim do mundo

Ponho-me às vezes a cismar como seria belo o fim do mundo,
Antes de Cristo...
Nos campos verdes
Decorativas ossadas
Brancas geometrias.

Na cidade morta
Colunas. O azul, imóvel, sonha
A última asa.

A folha,
Graça infinita,
Se desprende e tomba

No tanque: leve sorriso da água...

Porém, quando este mundo cibernético for para o Diabo
[que o forjicou
E todas as nossas bugigangas eletrônicas virarem sucata

E todas as estrelas perderem os seus nomes,

Os únicos poetas que os sobreviventes entenderão
São os que hoje ainda falam no cricrilar dos grilos, no frêmito
Do primeiro
Amor...
Redescobridores encantados da poesia
Esses pobres homens não serão nem ao menos arqueólogos

E nós descansaremos, finalmente, em paz!

Elementar, meu caro Watson...

I

Nas entrelinhas desta novela policial
Espia-me
Um pensamento de Pascal
E eu penso como, até ele, deveria sentir-se mal
com a COISA que o espiava, sempre e sempre, dentre os
[seus pensamentos
E era muito, muito mais *éffroyable* que o seu infinito
[pesadelo sideral,
Porque ficava atrás de todas as estrelas...

II

(A COISA, não: a OUTRA COISA.)

III

Deus transcende de Deus...

IV

(Leve sorriso da água, cada vez mais leve e mais distante,
[toda vez
que uma folha tomba...)

V

Ah, este suspense eterno!

Quando as águas se agitam, jorram, transbordam, matam,
[catastróficas...

VI

É Ele,

Quando Menino,

Se divertindo em atirar pedrinhas...

VII

(E só as crianças não se assustam de nada)

VIII

Mas há os que se refugiam de Deus nas igrejas.

Poema para Juliano o Apóstata

No tempo dos deuses tudo
era simples como eles
e natural e humano
e eles reinavam no mundo.

Mas veio um deus usurpador e único
e tornou o mundo incompreensível
porque o seu reino não era deste mundo.

E até hoje ninguém soube por que então ele expulsou
[os outros deuses
e ficou reinando sozinho
e fez todos os homens pecarem
— coisa que eles jamais haviam feito antes —
porque pecar com inocência não é pecar...

E os homens conheceram o terror maravilhoso do pecado
— e assim o novo deus lhes trouxe uma volúpia nova.

O Deus vivo

Deus não está no céu. Deus está no fundo do poço
onde o deixaram tombar.

— Caim, o que fizeste do teu Deus?!

Suas unhas ensanguentadas arranham em vão as paredes
[escorregadias.
Deus está no inferno...

É preciso que lhe emprestemos todas as nossas forças
todo o nosso alento
para trazê-lo ao menos à face da terra.

E sentá-lo depois à nossa mesa
e dar-lhe do nosso pão e do nosso vinho.

E não deixar que de novo se perca.
Que de novo se perca... nem que seja no céu!

A luta

Quando eu era pequenino
Atirava rimas ao poema
Como ossos a um cãozinho...

Eu cresci. Ele cresceu. Agora...
Quem é ele e quem sou eu,
Que não mais nos conhecemos?

Quando, agora, a sós ficamos,
Nous hurlons de nous trouver ensemble:
Quase que nos devoramos...

Mas vem a aurora apagadora de lampiões
E vem, pé ante pé, a hora
Burguesa e triste do café

(Pelas encostas do tempo
Soluçam rimas de outrora...)

E fica tudo para o próximo
Round!

Depois do fim

Brotou uma flor dentro de uma caveira.
Brotou um riso em meio a um De Profundis.
Mas o riso era infantil e irresistível,
As pétalas da flor irresistivelmente azuis...
Um cavalo pastava junto a uma coluna
Que agora apenas sustentava o céu.
A missa era campal: o vendaval dos cânticos
Curvava como um trigal a cabeça dos fiéis.
Já não se viam mais os pássaros mecânicos.
Tudo já era findo sobre o velho mundo.
Diziam que uma guerra simplificara tudo.
Ficou, porém, a prece, um grito último da esperança...
Subia, às vezes, no ar, aquele riso inexplicável de criança
E sempre havia alguém reinventando amor.

Tão simplesmente

Tudo se fazia tão simplesmente:
as chinoquinhas pintavam as faces
com papel de seda vermelho,
os negrinhos tocavam pente
com papel de seda branco,
as mocinhas da casa punham papelotes
antes de irem dormir...
e aplicava-se a Maravilha Curativa
para todas as dores
— menos para as dores de amores,
que já eram as mesmas de sempre!

O cavalo de fogo

... mas a minha mais remota recordação
só muito tempo depois eu vim a saber que era um cometa
e precisamente o cometa de Halley
— maravilhoso Cavalo Celestial
com a sua longa cauda vermelha atravessando, ondulante,
[de lado a lado,
bem sobre o meio do mundo,
a noite misteriosa do pátio...
Jamais esquecerei a sua aparição
porque
naquele tempo de espantos e encantos
o cometa de Halley não se contentava em parecer um cavalo,
[apenas:
o cometa de Halley era um cavalo!

Algumas variações sobre um mesmo tema

I

As vacas voam sempre devagar
porque elas gostam da paisagem.
Porque, para elas, o encanto único de uma viagem
é olhar, olhar...

II

Partir... tão bom! Mas para que chegar?

III

O melhor de tudo é embarcarmos num poema...
Carlos Drummond, um dia, me pôs de passageiro num
[poema seu.
Ah, seu Carlos maquinista, até hoje ainda não encontrei
[palavras para agradecer-lhe...
Mas que longa, longa viagem será!

IV

E das janelinhas do trenzinho-poema
abanaremos para os brotinhos do futuro.
Ui, como serão os brotinhos do século XXIII, meu Deus
[do Céu?

Pergunta boba! Em todas as épocas da História
um brotinho é um brotinho é um brotinho...

V

Tenho pena, isto sim, dos que viajam de avião a jato:
só conhecem do mundo os aeroportos...
E todos os aeroportos do mundo são iguais, excessivamente
[sanitários
e com anúncios de Coca-Cola.

VI

Nada há, porém, como partir na lírica desarrumação
[da minha cama-jangada
Onde escrevo noite adentro estes poeminhas com a
[esferográfica:
a tinta — quem diria? — é verde, verde...
(o que não passará, talvez, de mera coincidência)

Dois versos para Greta Garbo

O teu sorriso é imemorial como as Pirâmides
e puro como a flor que abriu na manhã de hoje...

Força do hábito

Um dia o meu cavalo voltará sozinho e, assumindo sem querer a minha própria imagem e semelhança, virá ler, naquele café de sempre, nosso jornal de cada dia...

Pauvre Léllian

Pobre Léllian! Vieram contar-me que caíste
muito fundo... E, até nisso, foste quase genial...
Também! Um fauno à luz artificial
dos bares, onde esta vida consumiste,
só podia ter sido um fauno triste
e ter mesmo acabado muito mal
— exilado do mundo em que a mortal
angústia do pecado não existe —
pois o teu mundo se esvaiu um dia
diante da mágica do Sinal da Cruz...
e ficaste entre nós, fauno converso!
Mas vá a gente ler um só teu verso...
e a batalha entre os deuses e Jesus
de novo em nossas almas principia!

Um dia acordarás

PARA MARIA HELENA, QUE ME PEDIU
"UMA HISTÓRIA BEM ROMÂNTICA"

Um dia acordarás num quarto novo
sem saber como foste para lá
e as vestes que acharás ao pé do leito
de tão estranhas te farão pasmar,

a janela abrirás, devagarinho:
fará nevoeiro e tu nada verás...
Hás de tocar, a medo, a campainha
e, silenciosa, a porta se abrirá.

E um ser, que nunca viste, em um sorriso
triste, te abraçará com seu maior carinho
e há de dizer-te para o teu assombro:

— Não te assustes de mim, que sofro há tanto!
Quero chorar — apenas — no teu ombro
e devorar teus olhos, meu amor...

Noturno I

PARA RUY CIRNE LIMA

Essa voz que se escuta de noite
— nota (ou sílaba?) que se prolonga indefinidamente,
que quer dizer? que nos quer dizer?
Talvez a nossa vida seja demasiadamente breve para
[apreender-lhe
o sentido,
talvez nem cante para nós
mas
para
um eterno ouvido... Serão Anjos? Tristes Anjos,
[que desconhecem
este maravilhoso espanto de viver por um só instante!

Presença

PARA LARA DE LEMOS

É preciso que a saudade desenhe tuas linhas perfeitas,
teu perfil exato e que, apenas, levemente, o vento
das horas ponha um frêmito em teus cabelos...
É preciso que a tua ausência trescale
sutilmente, no ar, a trevo machucado,
a folhas de alecrim desde há muito guardadas
não se sabe por quem nalgum móvel antigo...
Mas é preciso, também, que seja como abrir uma janela
e respirar-te, azul e luminosa, no ar.
É preciso a saudade para eu te sentir
como sinto — em mim — a presença misteriosa da vida...
Mas quando surges és tão outra e múltipla e imprevista
que nunca te pareces com o teu retrato...
E eu tenho de fechar meus olhos para ver-te!

Guerra

Os aviões abatidos
são cruzes caindo do céu.

Dogma e ritual

Os dogmas assustam como trovões
e que medo de errar a sequência dos ritos!
Em compensação,
Deus é mais simples do que as religiões.

Os grilos

Os grilos abrem frinchas no silêncio.
Os grilos trincam as vidraças negras da noite.
E o silêncio das vastas solidões noturnas
é uma rede tecida de cricrilos... Mas
impossível que haja tantos grilos no mundo,
pensa o doutor... Sim, talvez seja um problema do labirinto,
retruco, telepático. Mas eu só acredito no que está nos
[meus poemas,
doutor... Meus poemas é que são os meus sentidos
e não esses, tão poucos, que se contam pelos dedos
e não passam de um único bicho estropiado de cinco patas,
com que mal pode se locomover.
Chego ao fim da consulta como chego ao fim deste soneto.
Fecha-se a porta do poema e saio para a rua:
... um pobre bicho perdido, perdido, perdido...

O peregrino malcontente

Íamos de caminhada. O santo e eu.
Naquele tempo dizia-se: íamos de longada...
E isso explicava tudo, porque longa, longa era a viagem.
Íamos, pois, o santo, eu, e outros.
Ele era um santo tão fútil que vivia fazendo milagres.
Eu, nada...
Ele ressuscitou uma flor murcha e uma criança morta
E transformou uma pedra, na beira da estrada,
Em flor de lótus.
(Por que flor de lótus?)
Um dia chegamos ao fim da peregrinação.
Deus, então,
Resolveu mostrar que também sabia fazer milagres:
O santo desapareceu!
Mas como? Não sei! desapareceu, bem ali, diante dos nossos
[olhos que a terra já comeu!
E nós nos prostramos por terra e adoramos ao Senhor Deus
[todo-poderoso
E foi-nos concedida a vida eterna: isto!
Deus é assim.

Segundo poema didático

PARA MIRANDA NETTO

Nós ainda estamos resolvendo os assuntos de Roma,
nós somos Roma
e o velho Egito e Nínive e Babilônia...
E,
apesar das brincadeiras laboratoriais,
ainda somos gerados da mesma maneira.
Nada nasce do ar.
Os próprios deuses,
tão diversos,
são,
conforme a vez, o tempo, a ocasião,
as fantasias sucessivamente usadas e despidas
pelo Deus único e verdadeiro.
Uma divina mascarada? Não!
Ele não tem a mínima culpa dos costureiros.
Por trás dos disfarces
— no meio de todos e de tudo —
sorri, complacentemente,
o Deus Nu.
Sorri, sobretudo,

para o poeta que toca o pandeiro
a lira
o pífaro
o violoncelo profundo
enquanto,
ao pé de todas as cruzes,
soldados jogam aos dados
os destinos de Roma e do mundo.

A morte é que está morta

PARA JOSÉ RÉGIO

A morte é que está morta.
Ela é aquela Princesa Adormecida
no seu claro jazigo de cristal.
Aquela a quem, um dia — enfim — despertarás...

E o que esperavas ser teu suspiro final
é o teu primeiro beijo nupcial!

— Mas como é que eu te receava tanto
(no teu encantamento lhe dirás)
e como podes ser assim — tão bela?
Nas tantas buscas, em que me perdi,
vejo que cada amor tinha um pouco de ti...

E ela, sorrindo, compassiva e calma:

— E tu, por que é que me chamavas Morte?
Eu sou, apenas, tua Alma...

Alma perdida

Depois que é o corpo arremessado sobre o cais do sono
Quem poderá dizer o que é feito da sua alma milenária? Acaso
Ajunta-se às demais no primitivo abandono do mundo
Acossadas em grutas
Em profundas florestas
Onde se desenrolam imensamente as serpentes
E arde em silenciosa brasa o olhar fixo das feras?
Ou prostra-se ante os Deuses bárbaros
Com seus látegos de raios
Os seus pés de pedra imóveis e pesados como montanhas?
Ah! leva então muitos e muitos séculos até que a madrugada
Feita do cricrilar dos derradeiros grilos
Das cabeleiras úmidas e pendidas dos salsos
Até que a mão da madrugada
Afague
Suavemente as feições do adormecido à deriva...
Sim! À noite, as almas deste mundo vagam em
[alcateias como lobos,
O medo as traz unidas e ferozes
E só uma ou outra — a minha? — às vezes, solitária, fica...
— Olha:
Aquele negro, aquele enorme cão uivando para a Lua!

Eu queria trazer-te uns versos muito lindos

Eu queria trazer-te uns versos muito lindos
colhidos no mais íntimo de mim...
Suas palavras
seriam as mais simples do mundo,
porém não sei que luz as iluminaria
que terias de fechar teus olhos para as ouvir...
Sim! uma luz que viria de dentro delas,
como essa que acende inesperadas cores
nas lanternas chinesas de papel.
Trago-te palavras, apenas... e que estão escritas
do lado de fora do papel... Não sei, eu nunca soube
o que dizer-te
e este poema vai morrendo, ardente e puro, ao vento
da Poesia...
como
uma pobre lanterna que incendiou!

Sonatina lunar

Os padeiros da lua
derrubam farinha
na noite retinta.
Quem ganha? É o chão

que se pinta e repinta
de giz e carvão.

Rendilha de aranha
na face encantada,
moedinha de prata
escondida na mão,
minh'alma menina
fugiu para a mata.

Meu coração
bate sozinho
no velho moinho
da solidão.

Até eu me fujo...

Eu sou o corujo,
olhar enorme
que nunca dorme.
Nana, nana,
nina, nina,
alma menina...
E sonha comigo
por alguns instantes,
onde estejas tu...
Sonha comigo
como eu era dantes!

Os padeiros da lua
derrubam farinha...
O chão se repinta
de giz e carvão...

Sonha,
menina,
na mata assombrada
enquanto o moinho vai rangendo em vão.

O tempo

O despertador é um objeto abjeto.
Nele mora o Tempo. O Tempo não pode viver sem nós, para
[não parar.
E todas as manhãs nos chama freneticamente como
[um velho paralítico a tocar a campainha atroz.
Nós
é que vamos empurrando, dia a dia, sua cadeira de rodas.
Nós, os seus escravos.
Só os poetas
os amantes
os bêbados
podem fugir
por instantes
ao Velho... Mas que raiva impotente dá no Velho
quando encontra crianças a brincar de roda
e não há outro jeito senão desviar delas a sua cadeira de rodas!

Porque elas, simplesmente, o ignoram...

Numismática

A moeda de prata
é casta.
Tem um brilho de luar.

A moeda de ouro
traz a efígie de um touro
solar.

Ela acende um brilho assassino
no olhar.

Com elas se compram cortesãs.

Com elas,
por causa delas,
repousam galeões no fundo do mar.

A moeda de ouro é pomposa
e vulgar
como o Rei-Sol.

A moeda de prata é uma rosa

lunar.

Uma rosa branca.

Não sei por que, parece

uma Ave-Maria...

Pedra rolada

Esta pedra que apanhaste acaso à beira do caminho
— tão lisa de tanto rolar —
é macia como um animal que se finge de morto.

Apalpa-a... E sentirás, miraculosamente,
a suave serenidade com que os mortos recordam...

Mortos?! Basta-lhes ter vivido
um pouco
para jamais poderem estar mortos

— e esta pedra pertence ainda ao universo deles.

Deposita-a
no chão
cuidadosamente...

Esta pedra está viva!

Pesquisa

Na gostosa penumbra da Biblioteca Pública,
leio velhos jornais
e
dos anúncios prescritos
das novidades caducas
dos poetas mortos há tanto tempo que parecem de novo
[estreantes
das ferocíssimas campanhas políticas do ano de 1919
— brotam como balões meus sábados azuis,
as horas bebidas aos goles
(num copo azul),
e as ruas de poeira e sol onde bailam sozinhos
os meus sapatos de colegial.

O viajante

Eu, sempre que parti, fiquei nas gares
Olhando, triste, para mim...

Noturno arrabaleiro

Os grilos... os grilos... Meu Deus, se a gente
Pudesse
Puxar
Por uma
Perna
Um só
Grilo,
Se desfiariam todas as estrelas!

Momento

O mundo é frágil
E cheio de frêmitos
Como um aquário...

Sobre ele desenho
Este poema: imagem
De imagens!

O menino louco

Eu te paguei minha pesada moeda,
Poesia...
Os teus espelhos deformantes e límpidos
Como a água! Sim, desde menino,
Meus olhos se abriam insones como flores no escuro
Até que, longe, no horizonte, eu via
A Lua vindo, esbelta como um uno.
Às vezes numa túnica de Infanta
Sonâmbula... Às vezes virginalmente nua...
E era branca como as nozes que os esquilos descascam
[na mata...
Pura como um punhal de sacrifício...
(Em meus lábios queimava-se, ignorada, a palavra mágica!)

O cisne

PARA AUGUSTO MEYER

O cisne que estava imóvel sobre o piano
Desliza agora sobre as águas negras
Ao som da valsa que eu tocava a quatro mãos
Com a menina Gertrudes
(Se fosse ao menos a Gertrude Stein!)
O nome da valsa não me lembro
(Seria o cúmulo se fosse aquela SOBRE AS ONDAS
Que se tocava tanto no fim do mundo)
E o pior de tudo é que as visitas aplaudiam sinceramente.
"Que menino inteligente!"
(Ó tempos! Ó gente!) a menina Gertrudes
Era enjoada e pretensiosa como as suas calças de babados
E olhava-me com o ar de quem sabia coisas de que eu não
[entendia nada:
A verdade
É que as meninas sabem mais do que sabem... E havia
Um velho que me parecia mais velho do que todos os retratos
[da sala
E que dizia sempre
Naquela sua voz de molas de relógios:

"Ai que catitas! Ai que catitas!"

E, com as palmas das visitas,

Nem se ouvia o rumor das águas infinitas

Que vinham subindo, subindo...

Apontamentos para uma elegia

I

Debruço-me
Sobre mim
Com a melancolia
De quem contempla as coisas disparatadas que há na vitrina
[de um bric...
Pobre alma, menina feia!
As lágrimas embaciam os teus óculos.
E o mais triste é que não são verdadeiras lágrimas,
São um mero subproduto do tempo,
Como esse pó de asas de mariposas
Que ele vai esfarelando, aqui e ali sobre todas as cousas...

II

O meu Anjo da Guarda é dentuça,
Tem uma asa mais baixa que a outra.

III

Obrigado, meninazinha, por esse olhar confiante,
Pelo teu beijo como uma estrelinha...
Há muito que eu não me sentia assim, tão bem comigo...
Há muito que só me dirigiam olhares de interrogação!

IV

E obrigado, papel, por tua palidez de espanto.

V

Poeta, está na hora em que os galos móveis dos para-raios
Bicam a rosa dos ventos,
Está na hora de trocares a tua veste feita de momentos...
Está na hora
E quando
Aflito
Levas
Teu relógio ao ouvido
Só ouves o misterioso apelo das águas cantando distantes!

O poema, esse estranho animal...

Como quem, nos meus campos natais, se perde
E solta confiantemente as rédeas,
Deixando que o cavalo encontre o rumo,
Quantas vezes deixei que a pena fosse andando... e então
De ramos invisíveis pendem rimas
Como frutos
E o ritmo da andadura acorda ninhos
De sonhos... Seus cascos erguem coloridas nuvens
Mas
Ele não quer saber de querências, de nada,
E só descobre estranhos descaminhos...
Por um deles vêm vindo os Três Reis Magos
E me perguntam se eu não vi a Estrela!
De outra feita é a figura altíssima de Dom Quixote.
É o Espantalho Desconhecido
É Jack, o Estripador.
É Jesus Cristo com o Menino Jesus no colo.
É um robô. O poema toma o freio nos dentes
E o poeta cai morto e o leitor cai morto.
O cavalo volta
E cheira-os e vomita.

Enquanto isto, grandes Anjos da Guarda,
Perdidos,
De pés descalços
(Noto, naturalisticamente, como são afastados os seus dedos)
Grandes Anjos da Guarda, com a mão em pala sobre os olhos,
Procuram em vão...

A surpresa de ser

PARA ARMINDO TREVISAN

A florzinha
Crescendo
Subia
Subia
Direito
Pro céu
Como na História de Joãozinho e o Pé de Feijão.
Joãozinho era eu
Na relva estendido
Atento ao mistério das formigas que trabalhavam tanto...
E as nuvens, no alto, pasmadas, olhando...
E as torres, imóveis de espanto, entre voos ariscos
Olhavam olhavam...
E a água do arroio arregalava bolhas atônitas
Em torno de cada pedra que encontrava...
Porque todas as coisas que estavam dentro do balão azul
[daquela hora
Eram curiosas e ingênuas como a flor que nascia
E cheias do tímido encantamento de se encontrarem juntas,
Olhando-se...

Ser e estar

A nuvem, a asa, o vento,
a árvore, a pedra, o morto...

tudo o que está em movimento,
tudo o que está absorto...

aparente é esse alento
de vela rumando um porto

como aparente é o jazimento
de quem na terra achou conforto...

pois tudo o que é está imerso
neste respirar do universo

— ora mais brando ora mais forte
porém sem pausa definida —

e curto é o prazo da vida...

e curto é o prazo da morte.

Arrabalde

As cercas alinham-se obedientes mas meio tortas
Como nos meus primeiros exercícios de caligrafia...
Chego a sentir o cheiro da tinta azul nos dedos
Em invisíveis borrões. Olho os meus dedos:
Leque metafísico. Quando deixarei de olhar os meus dedos?
O mundo é mais vasto. A vaca muge,
Puxa-me ao presente... Vasto, vasto é o pasto!

Verão

No capinzal o meu cabelo cresce;
Pende, polpa madura, o lábio teu no fruto;
Todo o calor te diz: "Amadurece
Mais, ainda mais e tomba!"
Eu não espero
Vento nenhum que te derrube, eu quero
Que tombes, doce e morna, por ti mesma, onde
Mais sejas desejada e apetecida... Vem!
Faremos
De verdura acre
E doce polpa
Manjar que as reses lamberão
E virão farejar os animais noturnos

Antes de que nos sorva, lentamente, o chão...

Cronologia

PARA ELOÍ CALLAGE

I

Roda a roda do sol ladeira abaixo

II

Esquina do Espanto

Susto

III

Agora, este aranhol de rugas:

Tão belo, apesar de tudo...

IV

Eu terei até a volúpia de apodrecer!

De gramática e de linguagem

E havia uma gramática que dizia assim:
"Substantivo (concreto) é tudo quanto indica
Pessoa, animal ou cousa: João, sabiá, caneta."
Eu gosto é das cousas. As cousas, sim!...
As pessoas atrapalham. Estão em toda parte. Multiplicam-se
[em excesso.
As cousas são quietas. Bastam-se. Não se metem com ninguém.
Uma pedra. Um armário. Um ovo. (Ovo, nem sempre,
Ovo pode estar choco: é inquietante...)
As cousas vivem metidas com as suas cousas.
E não exigem nada.
Apenas que não as tirem do lugar onde estão.
E João pode neste mesmo instante vir bater à nossa porta.
Para quê? não importa: João vem!
E há-de estar triste ou alegre, reticente ou falastrão,
Amigo ou adverso... João só será definitivo
Quando esticar a canela. Morre, João...
Mas o bom, mesmo, são os adjetivos,
Os puros adjetivos isentos de qualquer objeto.
Verde. Macio. Áspero. Rente. Escuro. Luminoso.
Sonoro. Lento. Eu sonho

Com uma linguagem composta unicamente de adjetivos
Como decerto é a linguagem das plantas e dos animais.
Ainda mais:
Eu sonho com um poema
Cujas palavras sumarentas escorram
Como a polpa de um fruto maduro em tua boca,
Um poema que te mate de amor
Antes mesmo que tu lhe saibas o misterioso sentido:
Basta provares o seu gosto...

Noturno II

Os fantasmas rasgaram as fímbrias no tic-tac dos despertadores...
Bem feito! São tão antiquados que ainda usam fímbrias...
Oh! esses despertadores são gatos metálicos
Que rasgam as fímbrias das almas.
Das almas dos vivos e mortos...
Para eles é tudo sucata
Frágil, corosca
De barbante — coisa ótima
Para afiar os dentes eternos do Instante!
A espaços,
No silêncio da casa,
Quebrando o monótono tiquetaquear do tempo,
A tosse asmática do refrigerador
Ou o fundo suspiro
(De quem?)
Que se some no ralo misterioso da pia...
Enquanto, nas paredes da sala,
Os velhos retratos aproveitam o escuro para desbotarem
Ainda mais...
Até que chegue o dia lúcido
E tudo seja, apenas, um doido sonho noturno
Que o teu sorriso de criança apaga!

Cocktail Party

PARA ELENA QUINTANA

Não tenho vergonha de dizer que estou triste,
Não dessa tristeza ignominiosa dos que, em vez de
[se matarem, fazem poemas:
Estou triste porque vocês são burros e feios
E não morrem nunca...
Minha alma assenta-se no cordão da calçada
E chora,
Olhando as poças barrentas que a chuva deixou.
Eu sigo adiante. Misturo-me a vocês. Acho vocês uns amores.
Na minha cara há um vasto sorriso pintado a vermelhão.
E trocamos brindes,
Acreditamos em tudo o que vem nos jornais.
Somos democratas e escravocratas.
Nossas almas? Sei lá!
Mas como são belos os filmes coloridos!
(Ainda mais os de assuntos bíblicos...)
Desce o crepúsculo
E, quando a primeira estrelinha ia refletir-se em todas
[as poças d'água,
Acenderam-se de súbito os postes de iluminação!

A carta

Hoje encontrei dentro de um livro uma velha carta
[amarelecida,
Rasguei-a sem procurar ao menos saber de quem seria...
Eu tenho um medo
Horrível
A essas marés montantes do passado,
Com suas quilhas afundadas, com
Meus sucessivos cadáveres amarrados aos mastros e gáveas...
Ai de mim,
Ai de ti, ó velho mar profundo,
Eu venho sempre à tona de todos os naufrágios!

Operação alma

Há os que fazem materializações...
Grande coisa! Eu faço desmaterializações.
Subjetivações de objetos.
Inclusive sorrisos,
Como aquele que tu me deste um dia com o mais puro
[azul de teus olhos
E nunca mais nos vimos. (Na verdade, a gente nunca mais
[se vê...) No entanto,
Há muito que ele faz parte de certos estados do céu,
De certos instantes de serena, inexplicável alegria,
Assim como um voo sozinho põe um gesto de adeus
[na paisagem,
Como uma curva de caminho,
Anônima,
Torna-se às vezes a maior recordação de toda uma
[volta ao mundo!

Poema da gare de Astapovo

O velho Leon Tolstoi fugiu de casa aos oitenta anos
E foi morrer na gare de Astapovo!
Com certeza sentou-se a um velho banco,
Um desses velhos bancos lustrosos pelo uso
Que existem em todas as estaçõezinhas pobres do mundo,
Contra uma parede nua...
Sentou-se... e sorriu amargamente
Pensando que
Em toda a sua vida
Apenas restava de seu a Glória,
Esse irrisório chocalho cheio de guizos e fitinhas
Coloridas
Nas mãos esclerosadas de um caduco!
E então a Morte,
Ao vê-lo tão sozinho àquela hora
Na estação deserta,
Julgou que ele estivesse ali à sua espera,
Quando apenas sentara para descansar um pouco!
A Morte chegou na sua antiga locomotiva
(Ela sempre chega pontualmente na hora incerta...)
Mas talvez não pensou em nada disso, o grande Velho,

E quem sabe se até não morreu feliz: ele fugiu...

Ele fugiu de casa...

Ele fugiu de casa aos oitenta anos de idade...

Não são todos os que realizam os velhos sonhos da infância!

Retrato no parque

Como se fosse numa tela
De Marie Laurencin,
O que se vê são seus olhos
De animalzinho atento.

Tudo é tão atmosfera,
O gesto, a cor, o movimento
Que se supõe seja ela
Uma inventiva do vento.

Talvez não esteja pronta...
Porém, em tanto mutar,
Tem aqueles olhos graves
E os seios bem no lugar.

Primavera

O manto
da primavera ondula tanto
que mal se pode ver a libélula translúcida

ou dar nome à pequenina asa arrebatada úmida
à água em redemoinho onde roçara
o voo diagonal

nem distinguir as cores
das flores da margem porque tudo
está bordado no vento

e só a luz
direta e reta
conta as inquietas borbulhas à tona
e as pedras redondas do fundo do arroio.

O poeta
adolescente
varado de súbito amor
inventa um bandolim de azul e de cordas de vento

e canta! Nas varandas rendilhadas
suspiram mil e uma princesas encantadas...

O vento vai virando as páginas.
A partitura está em meio...

É quando
A tarde é uma pantera atrás das venezianas
E a mão desnuda o seio...

O caminho

Passa o Rei com seu cortejo.
Passa o Deus no seu andor.
E, milênios depois, neste caminho, apenas
Ainda sopra o vento nas macieiras em flor...

Os pés

Meus pés no chão

Como custaram a reconhecer o chão!

Por fim os dedos dessedentaram-se no lodo macio, agarraram-se
[ao chão...

Ah, que vontade de criar raízes!

Noturno III

Os cuidados se foram, ou tomaram
Estranhas máscaras de sonho...

Teus cabelos de náufrago
Estão bordados no brancor da fronha.

E onde foste arranjar essas mãos de cera
Que parecem levemente luminosas no escuro?

Toda a casa encalhou nalgum porto noturno:
Ninguém no cais deserto...

Apagaram-se os grilos,
As estrelas estão imóveis e tristes como num mapa sideral.

Nunca estiveram também tão fixos os olhos dos retratos,
Como se fossem apenas fotografias.

O único rumor de vida,
Esse vem de muito, muito longe: o pobre arroio antigo

Gota a gota a fluir no soluço da pia!

Poema de circunstância

Onde estão os meus verdes?
Os meus azuis?
O Arranha-Céu comeu!
E ainda falam nos mastodontes, nos brontossauros, nos
[tiranossauros,
Que mais sei eu.
Os verdadeiros monstros, os Papões, são eles, os arranha-céus!
Daqui
Do fundo
Das suas goelas,
Só vemos o céu, estreitamente, através de suas
[empinadas gargantas ressecas.
Para que lhes serviu beberem tanta luz?!
Defronte
À janela onde trabalho
Há uma grande árvore...
Mas já estão gestando um monstro de permeio!
Sim, uma grande árvore... Enquanto há verde,
Pastai, pastai, olhos meus...
Uma grande árvore muito verde... Ah,
Todos os meus olhares são de adeus
Como o último olhar de um condenado!

Trecho de diário

Hoje me acordei pensando em uma pedra numa rua de
[Calcutá.
Numa determinada pedra em certa rua de Calcutá.
Solta. Sozinha. Quem repara nela?
Só eu, que nunca fui lá,
Só eu, deste lado do mundo, te mando agora esse pensamento...
Minha pedra de Calcutá!

Saída da escola

Nós marchávamos ao assalto
Do mundo, pelas calçadas claras:
Tac! tac! a marselhesa dos sapatos!
As tuas tranças pareciam loucas,
Adalgiza, Nora, Lurdes,
E nos teus olhos riam bandeirolas...

If...

E até hoje não me esqueci
Do Anjo da Anunciação no quadro de Botticelli:
Como pode alguém
Apresentar-se ao mesmo tempo tão humilde e cheio
[de tamanha dignidade?
Oh! tão soberanamente inclinado...
Se pudéssemos ser como ele!
Os Anjos dão tudo de si
Sem jamais se despirem de nada.

Uma canção

Minha terra não tem palmeiras.
E em vez de um mero sabiá,
Cantam aves invisíveis
Nas palmeiras que não há.

Minha terra tem relógios,
Cada qual com a sua hora
Nos mais diversos instantes...
Mas onde o instante de agora?

Mas onde a palavra "onde"?
Terra ingrata, ingrato filho,
Sob os céus da minha terra
Eu canto a Canção do Exílio!

Outra canção

PARA CELSO E LYA LUFT

Não me deixem ir tão só,
Tão só, transido de frio...
Eu quero um renque de vozes
Por toda a margem do rio!
Como alguém que adormecendo
E umas vozes escutando,
Nem soubesse que as ouvia,
Nem soubesse que as ouvia
Ou se as estava sonhando,
Eu quero um renque de vozes
Por toda a margem do rio:
Vozes de amigo calor
Na lenta e escura descida
Como lanternas de cor
E aonde mais longe eu me for
(Quanto mais longe da vida!)
A borboleta perdida
Da tua voz, pobre amor...

Sonomar

O bom do sono é mesmo o sonomar
O sono de alto-mar sem terra à vista
Onde és como um barco sem barqueiro
Cujo rumo é traçado pelo ar...
Mas no fundo do mar só tem vasos barrocos!
Viste? Água não tem e não tem sol nem lua
E essa luz, que parece que flutua,
É a mesma dos lampiões de acetilene
Daquela antiga, pequenina rua...
Mortos? Nenhum... Nem vivos... Eles são
Habitantes de um trêmulo intermundo
E nunca se detêm mais que um segundo
Ante o parado olhar dos escafandros.
E onde o relógio é um animal estranho
Incompreensível e sem nome algum
E o tempo ondeia sem medida exata
E onde nada se encontra e tudo se acha,
Por que é que vieste — intruso — devassar
Essas formas e face e esse mundo
Onde o enigma és tu?
Retorna, irmão:
O bom do sono é mesmo o sonomar!

História mágica

Era um perfume tão pesado que os corpos se amolentavam, rendidos, e uma névoa de banho de vapor esfumava o contorno das flores de pétalas abertas, dos frutos enormes, que pareciam prestes a cair. Não se sabia se eram cobras dormentes, ou lianas semivivas, aquelas coisas pendidas das galharias... Pássaros não se viam, nem sáurios furtivos, nem grandes ou pequenos quadrúpedes. Mas gritos misteriosos, que a gente não podia identificar, feriam de quando em quando os ouvidos, acordando-os do torpor em que os adormecia o zumbir ininterrupto dos insetos. Os pés chapinhavam, como em barro, no musgo verdoengo que tapetava o chão.

Caminhávamos, arquejávamos, sem dizer palavra. O nosso guia e rei seguia à frente, invisível, sua presença acusando-se (nas horas de maior angústia, parecia) por um agitar frenético de guizos. Um dia, não mais o escutamos e cada qual, com um ingrato alívio, seguiu o seu próprio caminho. Cada qual se extraviou, sentou-se, enfim, para morrer.

E cada um morria pensando invejosamente que os outros houvessem encontrado alguma coisa, uma fonte de virtudes nunca imaginadas, uma princesa, um mágico, algum Deus ainda bárbaro ou no seu mais adiantado estágio, mas sempre um deus, mas sempre alguma coisa. Pensava em tudo isto, sim... e sentia, no entanto, um monstruoso orgulho de morrer sozinho...

Canção do fundo do tempo

Longe andava o meu olhar.
Longe andava...
Creio que jamais te vi...
Linda corça enrodilhada
À espera do sacrifício,
Parece que te vejo agora
Só agora!
Levemente desenhada
Nos móveis biombos do tempo
Feitos de água e de gaze...
Ah! se eu pudesse jogar-me
Às águas que já passaram,
Decerto que morreria
Ou ficaria mais louco
Do que os anjos rebelados:
Ninguém quebra a lei do tempo,
Basta os cabelos de mortos
Que se enroscam em meus dedos,
Basta as vozes tão amadas
Que me chamam de tão longe...
Ah, decerto que eu morreria,

Se é que já não morri!

Longe andava o meu olhar.

Longe andava...

Por trás dos muros do tempo,

As pessoas que eu amava

Amaram-se entre si.

Sempre

Sou o dono dos tesouros perdidos no fundo do mar.

Só o que está perdido é nosso para sempre.

Nós só amamos os amigos mortos

E só as amadas mortas amam eternamente...

Entressono

A manhã se debruça ao peitoril,

Não sei por que está gritando: abril, abril!

Há, por vezes, manhãs que são sempre de abril...

A manhã, com todas as suas árvores ao vento,

Traz-me as primeiras notícias da frota do Descobrimento,

Sem reparar na presença dos arranha-céus.

Mas eu nem abro os olhos: vou dormir...

Creio que ainda chegarei a tempo

Para a Primeira Missa no Brasil.

Aula inaugural

É verdade que na Ilíada não havia tantos heróis como na
[guerra do Paraguai...
Mas eram bem falantes
E todos os seus gestos eram ritmados como num balé
Pela cadência dos metros homéricos.
Fora do ritmo, só há danação.
Fora da poesia não há salvação.
A poesia é dança e a dança é alegria.
Dança, pois, teu desespero, dança
Tua miséria, teus arrebatamentos,
Teus júbilos
E,
Mesmo que temas imensamente a Deus,
Dança como David diante da Arca da Aliança;
Mesmo que temas imensamente a morte
Dança diante da tua cova.
Tece coroas de rimas...
Enquanto o poema não termina
A rima é como uma esperança
Que eternamente se renova.
A canção, a simples canção, é uma luz dentro da noite.

(Sabem todas as almas perdidas...)

O solene canto é um archote nas trevas.

(Sabem todas as almas perdidas...)

Dança, encantado dominador de monstros,

Tirano das esfinges,

Dança, Poeta,

E sob o aéreo, o implacável, o irresistível ritmo de teus pés,

Deixa rugir o Caos atônito...

Cadeira de balanço

Quando elas se acordam
do sono, se espantam
das gotas de orvalho
na orla das saias,
dos fios de relva
nos negros sapatos,
quando elas se acordam
na sala de sempre,
na velha cadeira
em que a morte as embala...

E olhando o relógio
de junto à janela
onde a única hora,
que era a da sesta,
parou como gota
que ia cair,
perpassa no rosto
de cada avozinha

um susto do mundo
que está deste lado...

Que sonho sonhei
que sinto inda um gosto
de beijo apressado?

— diz uma e se espanta:
Que idade terei?
Diz outra: — Eu corria
menina em um parque...
e como saberia
o tempo que era?

Os pensamentos delas
já não têm sentido...

A morte as embala,
as avozinhas dormem
na deserta sala
onde o relógio marca
a nenhuma hora

enquanto suas almas
vêm sonhar no tempo
o sonho vão do mundo...
e depois se acordam
na sala de sempre

na velha cadeira
em que a morte as embala...

Canção do poeta difícil

A minha pena é asp'ra; a folha, que nem zinco!

Onde a cantiga tão doce
Que o meu amor cantava?

As palavras ficam-me nas linhas como urubus plantados
[na cerca.

Quando eu era um passarinho
Morava numa gaiola
Que eu pensava que era um ninho...

Mas até onde, até onde eu vou puxar esta carreta?!

Quando eu era pequenino
Não usava ponto e vírgula...
Onde o arroio tão puro
Que de tão puro sumiu?

O profeta

Para os homens, que eram cegos,
Tu querias, Profeta, dizer a Verdade
E os olhos dos homens iluminaram-se de êxtase:
As tuas palavras estavam cobertas, ajaezadas, escorrentes
[de poesia
Como esses cadáveres floridos de algas e espumas que as
[dragas levantam do fundo do abismo...
Tu quiseste dizer a Verdade e disseste a Beleza!
E choraste.
Mas os anjos sorriam-te...
Porque a Beleza é a forma angélica da Verdade.

Função

Me deixaram sozinho no meio do circo
Ou era apenas um pátio uma janela uma rua uma esquina
Pequenino mundo sem rumo

Até que descobri que todos os meus gestos
Pendiam cada um das estrelas por longos fios invisíveis

E havia súbitas e lindas aparições como aquela das longas tranças
E todas imitavam tão bem a vida
Que por um momento se chegava a esquecer a sua cruel
[inocência de bonecas

E eu dizia depois coisas tão lindas
E tristes
Que não sabia como tinham ido parar na minha boca

E o mais triste não era que aquilo fosse apenas um jogo
[cambiante de reflexos

Porque afinal um belo pião dançante
Ou zunindo imóvel
Vive uma vida mais intensa do que a mão ignorada que o
[arremessou

E eu danço tu danças nós dançamos
Sempre dentro de um círculo implacável de luz
Sem saber quem nos olha atenta ou distraidamente do
[escuro...

Os prisioneiros

Os muros móveis do vento
Compõem minha casa-barco.
Quem foi que me prendeu por dentro
    De uma gota d'água?
Tolice matar-se a gente
    Só por isso...
Nem ele mesmo, o Grande Mágico,
Quebra o seu próprio feitiço!

Anêmona

Não é preciso um verso... nem
    Uma oração...
Basta que digas a palavra anêmona
E tudo esquecerás, enredado na sua
Fantasmagórica palpitação.

O morto

Eu estava dormindo e me acordaram
E me encontrei, assim, num mundo estranho e louco...
E quando eu começava a compreendê-lo
Um pouco,
Já eram horas de dormir de novo!

Dia santo em 1923

Nas pedras irregulares do calçamento,
Como por sobre um dorso acidentado de tartaruga,
A carrocinha passa, aos solavancos...
Passam as moças de vestidos brancos
E risos multicores,
Que vão formar depois na procissão.
Os sinos
Chamam.
O poeta adolescente traz no bolso
O soneto que fez ontem de noite:
Só isso basta para justificar a vida,
O soneto não presta, a vida é boa,
Os sinos chamam para o amor!

Canção de primavera

Um azul do céu mais alto,
Do vento a canção mais pura
Me acordou, num sobressalto,
Como a outra criatura...

Só conheci meus sapatos
Me esperando, amigos fiéis,
Tão afastado me achava
Dos meus antigos papéis!

Dormi, cheio de cuidados
Como um barco soçobrando,
Por entre uns sonhos pesados
Que nem morcegos voejando...

Quem foi que ao rezar por mim
Mudou o rumo da vela
Para que eu desperte, assim,
Como dentro de uma tela?

Um azul do céu mais alto,

Do vento a canção mais pura

E agora... este sobressalto...

Esta nova criatura!

O mapa

Olho o mapa da cidade
Como quem examinasse
A anatomia de um corpo...

(É nem que fosse o meu corpo!)

Sinto uma dor infinita
Das ruas de Porto Alegre
Onde jamais passarei...

Há tanta esquina esquisita,
Tanta nuança de paredes,
Há tanta moça bonita
Nas ruas que não andei
(E há uma rua encantada
Que nem em sonhos sonhei...)

Quando eu for, um dia desses,
Poeira ou folha levada
No vento da madrugada,
Serei um pouco do nada
Invisível, delicioso

Que faz com que o teu ar
Pareça mais um olhar,
Suave mistério amoroso,
Cidade de meu andar
(Deste já tão longo andar!)

E talvez de meu repouso...

Um voo de andorinha

Um voo de andorinha
Deixa no ar o risco de um frêmito...
Que é isto, coração?! Fica aí, quietinho:
Chegou a idade de dormir!
Mas
Quem é que pode parar os caminhos?
E os rios cantando e correndo?
E as folhas ao vento? E os ninhos...
E a poesia...
A poesia como um seio nascendo...

Alegria

Não essa alegria fácil dos cabritos monteses
Nem a dos piões regirando
Mas
Uma alegria sem guizos e sem panderetas...
Essa a que eu queria:
A imortal, a serena alegria que fulge no olhar dos santos
Ante a presença luminosa da morte!

Fragmento de ode

Camões,

Seu nome retorcido como um búzio!

Nele sopra Netuno...

Aquarela de após-chuva

No peitoril de todas as janelas
Há uma flor convalescente...
No céu desenha-se um pálido sorriso...
Só o teu nome, que estava quase desmaiado no meu peito,
Aviva-se em brasa como uma cicatriz!

Naturezas-mortas

Havia talhadas de melancia rindo...
E os difíceis abacaxis: por fora uma hispidez de bicho
[insociável;
Por dentro, uma ácida doçura...
Morno veludo de pêssegos...
Frescor saudoso de amoras...
E a mais agreste e dócil das criaturinhas,
Cada pitanga desmanchava-se como um beijo vermelho
[na boca.
Eu passo, sem querer, as costas da mão nos meus lábios:
Não sei por que desenho essas coisas no tempo passado...

Tristeza de escrever

Cada palavra é uma borboleta morta espetada na página:

Por isso a palavra escrita é sempre triste...

In memoriam

I

Seus poemas desenhavam seu fino hastil
suas corolas vibrantes como pequeninas violas
(ou era a vibração incessante dos grilos?)
seus poemas floriam na tapeçaria ondulante dos prados
onde os colhia a mão das eternamente amadas
(as que morreram jovens são eternamente amadas...)

II

Seus poemas,
dentre as páginas de um seu livro,
apareciam sempre de surpresa,
e era como se a gente descobrisse uma folha seca
um bilhete de outrora
uma dor esquecida
que têm agora o lento e evanescente odor do tempo...

III

E seus poemas eram, de repente, como uma prece jamais
[ouvida
que nossos lábios recitavam — ó temerosa delícia!

como se, numa língua desconhecida,
sem querer, falassem
da brevidade
e da
eternidade da vida...

IV

Ah, aquela a quem seguiam os versos ondulantes como dóceis
[panteras
e deixava por todas as coisas o misterioso reflexo do seu
[sorriso;
e que na concha de suas mãos, encantada e aflita, recebia
a prata das estrelas perdidas...

V

Nem tudo estará perdido
enquanto nossos lábios não esquecerem teu nome: Cecília...

Terra

Terra! um dia comerás meus olhos...

Eles eram
No entanto
O verde único de tuas folhas
O mais puro cristal de tuas fontes...

Meus olhos eram os teus pintores!

Mas, afinal, quem precisa de olhos para sonhar?
A gente sonha é de olhos fechados.

Onde quer que esteja... onde for que seja...
Na mais densa treva eu sonharei contigo,
Minha terra em flor!

Canção para depois

À MANEIRA DE CECÍLIA

Quando esta pura voz que ouviste
Serenamente calar-se,
Como é que descobririas
O seu disfarce?

Não digas palavras loucas
Em meus ouvidos de pedra!
Não busques na voz do vento
Minha resposta...

Silêncio! E, depois, afasta
O passo que se avizinha...
Que ninguém veja esta face
Que não é minha!

Terceiro poema de muito longe

Da última vez que atravessei aquele corredor escuro,
Ele estava cheio de passarinhos mortos.

Sesta antiga

A ruazinha lagarteando ao sol.
O coreto de música deserto
Aumenta ainda mais o silêncio.
Nem um cachorro.
Este poeminha,
Brotado áspero e quebradiço
É a única coisa do mundo.

Carta desesperada

PARA CARLOS DRUMMOND DE ANDRADE

Como é difícil, como é difícil, Beatriz, escrever uma carta...
Antes escrever os *Lusíadas*!
Com uma carta pode acontecer
Que qualquer mentira venha a ser verdade...
Olha! O melhor é te descrever, simplesmente,
A paisagem,
Descrever sem nenhuma imagem, nenhuma...
Cada coisa é ela própria a sua maravilhosa imagem!
Agora mesmo parou de chover.
Não passa ninguém. Apenas
Um gato
Atravessa a rua
Como nos tempos quase imemoriais
Do cinema silencioso...
Sabes, Beatriz? Eu vou morrer!

Noturno IV

Aquela única janela acesa
No casario
Sou eu

Aquele balão fantasticamente familiar
Subindo
É a lua

Aquele grito súbito de mulher assassinada
É o rádio

Nós temos sentidos demais!
Por que não só a cor e o contato?

Que mais
Para o amor?

Palavras? Só as escritas,
Bastam as palavras escritas para um poema,
Sua música toda interior...

Quando muito uns pianíssimos sutis... Ah,

Tão sutis

Que não sabes nunca se os estás ouvindo

Ou só pensando neles...

Tia Élida

Sua alma dilacerada pelas renas da madrugada
Enevoa a minha vidraça.
"Deixaste mais uma vez a lâmpada acesa!" — diz ela.
Essa tia Élida...
Tão viva, a coitada,
que eu ainda me irrito com ela!

Saudade

Que me dizias, Augusto Meyer,
naquele tempo que não passa,
na mesa, junto à vidraça,
naquele bar que era um barco?

Por ela passavam mares,
passavam portos e portos,
ali que os ventos ventavam,
dos quatro cantos do mundo!

O que dizíamos? Sei lá!
não falemos em nossas vidas...
nem, por nós, se salvou o mundo...

Mas, Amigo, eu sei que tenho
— naquelas horas perdidas —
o meu ganho mais profundo!

Este quarto...

PARA GUILHERMINO CÉSAR

Este quarto de enfermo, tão deserto
de tudo, pois nem livros eu já leio
e a própria vida eu a deixei no meio
como um romance que ficasse aberto...

que me importa este quarto, em que desperto
como se despertasse em quarto alheio?
Eu olho é o céu! imensamente perto,
o céu que me descansa como um seio.

Pois só o céu é que está perto, sim,
tão perto e tão amigo que parece
um grande olhar azul pousado em mim.

A morte deveria ser assim:
um céu que pouco a pouco anoitecesse
e a gente nem soubesse que era o fim...

Os parceiros

Sonhar é acordar-se para dentro:
de súbito me vejo em pleno sonho
e no jogo em que todo me concentro
mais uma carta sobre a mesa ponho.

Mais outra! É o jogo atroz do Tudo ou Nada!
E quase que escurece a chama triste...
E, a cada parada uma pancada,
o coração — exausto, ainda insiste.

Insiste em quê? Ganhar o quê? De quem?
O meu parceiro... eu vejo que ele tem
um riso silencioso a desenhar-se

numa velha caveira carcomida.
Mas eu bem sei que a morte é seu disfarce...
Como também disfarce é a minha vida!

Memória de Paulo Corrêa Lopes

Tua poesia não leva à loucura, Poeta...
Porque sempre voltaste com uma voz mais pura,
Não a voz bramidora e cava dos profetas
Mas um fluir de pura fonte oculta
Na mata... E é como se ir andando descalço sobre a relva
E descobrir de súbito o Trevo de Quatro Folhas
De que nem se sabia que andava à procura
E fica-se um tempo olhando, olhando, sem colhê-lo.
E a tua voz é mansa como quem acaricia o pelo
De um animal doente... Mas a verdade é que
Tua poesia faz bem à gente...
Por que infernos andou a tua pobre alma perdida
Para falar de Deus tão simplesmente
Que até deixaste uma esperança em nossa vida?

Para Telmo Vergara

Era uma rua tão antiga, tão distante
que ainda tinha crepúsculos, a desgraçada...
Acheguei-me a ela com este velho coração palpitante
de quem tornasse a ver uma primeira namorada

em todo o seu feitiço do primeiro instante.
E a noite, sobre a rua, era toda estrelada...
havia, aqui e ali, cadeiras na calçada...
E o quanto me lembrei, então, de um amigo constante,

dos que, na pressa de hoje, nem se usam mais
como essas velhas ruas que parecem irreais
e a gente, ao vê-las, diz: "Meu Deus, mas isto é um sonho!"

Sonhos nossos? Não tanto, ao que suponho...
São os mortos, os nossos pobres mortos que, saudosamente,
estão sonhando o mundo para a gente!

Imemorial

À noite pervaguei pelo Beco do Império
que há cinquenta anos não existe mais
e as horríveis mulheres, nos portais,
estavam belas de eu sonhar com elas.

Um bêbado me olhava, muito sério.
"Ó meu velho Condessa, como vais?"
Porém, agora — eu é que era o velho
e ele nem me conhecia mais...

Tolice!... Ele, afinal, disse o meu nome!
Ah, sempre que se sonha alguma coisa
tem-se a idade do tempo em que as sonhamos:

Me esqueci do futuro... e lá nos fomos
e a luz da Lua — eterna, intemporal —
juntava numa as duas sombras gêmeas.

Quem seríamos?

Veio um instante, partiu de novo,
Leve, sem nome...
Para que nomes? Era azul e voava...
No véu das horas punha o seu motivo.
Partiu. E nem
Ficou sabendo
Como eu, acaso, me chamava...

Poesia pura

Um lampião de esquina
Só pode ser comparado a um lampião de esquina,
De tal maneira ele é ele mesmo
Na sua ardente solidão!

Biografia

Entre o olhar suspeitoso da tia
E o olhar confiante do cão
O menino inventava a poesia...

O poeta e a sereia

Sereiazinha do rio Ibira...
Feiosa,
Até sardas tem.
Cantar não sabe:
Olha e me quer bem.
Seus ombros têm frio.
Embalo-a nos joelhos,
Ensino-lhe catecismo
E conto histórias que inventei especialmente para o seu
[espanto.

Um dia ela voltou para o seu elemento!

Sereiazinha,
Eu é que sinto frio agora...

O poeta e a ode

Sua firme elegância.
Sua força contida.
O poeta da ode
É um cavalo de circo.

Em severa medida
Bate o ritmo dos cascos.
De momento a momento,
Impacto implacável,
Tomba o acento na sílaba.

Dura a crina de bronze.
Rijo o pescoço alto.
Quem lhe sabe da tensa
Fúria, do sagrado
ímpeto de voo?

Nobre animal, o poeta.

Bem-aventurados

Bem-aventurados os pintores escorrendo luz
Que se expressam em verde
Azul
Ocre
Cinza
Zarcão!
Bem-aventurados os músicos.
E os bailarinos
E os mímicos
E os matemáticos...
Cada qual na sua expressão!

Só o poeta é que tem de lidar com a ingrata linguagem alheia...

A impura linguagem dos homens!

Apêndices

Sobre Mario Quintana

Nasceu em Alegrete, Rio Grande do Sul, no ano de 1906. Veio ao mundo em família de raiz urbana e escolarizada. Seus avós, tanto o paterno quanto o materno, eram médicos. Seu pai era um dono de farmácia que lia em francês para os filhos ainda crianças.

Aos 13 anos, vai para Porto Alegre, estudar no Colégio Militar como aluno interno. Entre idas e vindas, acaba não terminando o colegial, apesar de ser leitor voraz e frequentador da Biblioteca Pública. Quando sai do colégio, aos 17 anos, não tem diploma, mas já se inicia na vida literária porto-alegrense, mesmo quando volta a morar em Alegrete, no ano seguinte. Em 1926, um conto de sua autoria é o vencedor de concurso patrocinado por importante jornal da capital gaúcha na época (*Diário de Notícias*).

Falecidos mãe e pai, transfere-se definitivamente para Porto Alegre em 1929, onde passa a trabalhar como jornalista. No ano seguinte, aventura-se na política e vai até o Rio de Janeiro, seguindo Getúlio Vargas. Fica apenas seis meses na então capital federal. Voltará cinco anos depois, em temporada marcante para sua vida, quando travará conhecimento com os poetas que mais admira: Cecília Meireles e Manuel Bandeira, os outros dois grandes líricos modernos brasileiros.

Nos anos 30, Quintana estabiliza-se na vida profissional, como jornalista e como tradutor assalariado pela Editora Globo. Nesse período, desabrocha e viceja o poeta, que se apresenta finalmente ao mundo numa coletânea própria. Lança seu primeiro livro, *A rua dos cataventos*, em 1940. O livro de poemas inaugura nova etapa em sua vida, ao mesmo tempo que coroa uma década de progressivo amadurecimento.

A década de 40 e a primeira metade dos anos 50 serão de grande atividade para Quintana. Dessa época são os livros de poesia *Canções* (1946), *Sapato florido* (1948), *O aprendiz de feiticeiro* (1950), *Espelho mágico* (1951, com prefácio de Monteiro Lobato) e um volume de *Inéditos e esparsos*, publicado em 1953 na cidade de Alegrete. É ainda nesse período que começa a publicar o *Caderno H* ("textos escritos em cima da hora, na hora H"), primeiro na revista *Província de São Pedro*, e depois, a partir de 1953, no jornal *Correio do Povo*, onde permaneceu por décadas. As prosas curtas, as croniquetas, as evocações e os poemas em prosa do *Caderno H* angariarão a Quintana seu primeiro e fiel público de leitores, que só fará crescer a partir daí. Entre as muitas traduções feitas por Quintana no período, destacam-se as de Marcel Proust, que marcaram época.

Depois de breve interregno, as décadas de 60 e 70 assinalarão a consagração nacional do poeta Quintana. Em 1962, reúne sua produção poética em *Poesias*. Em 1966, quando completa 60 anos, sai a *Antologia Poética*, organizada por Rubem Braga e Paulo Mendes Campos para a prestigiosa Editora do Autor, livro vencedor do Prêmio Fernando Chinaglia ("melhor livro do ano"). As homenagens públicas se sucedem: saudação na Academia Brasileira de Letras por Augusto Meyer e Manuel Bandeira (1966), Cidadão Honorário de Porto Alegre (1967), placa de bronze em Alegrete (com a famosa inscrição: "Um engano em bronze é um engano eterno."), medalha "Negrinho do pastoreio" do estado do Rio Grande do Sul e, ao completar 70 anos, em 1976, prêmio Pen Clube de poesia.

Os setent'anos, em vez de assinalarem um começo de fim, apontam para um novo começo na trajetória de poeta e prosador de Mario Quintana. São desse momento dois de seus livros mais destacados: *A vaca e o hipogrifo*, de pequenas prosas, e *Apontamentos de história sobrenatural*, de pura poesia elegíaca em versos simples reveladores de grande maturidade criativa. Os lançamentos se sucederão, e novo momento de consagração ocorre em 1980, quando recebe o prêmio Machado de Assis da Academia Brasileira de Letras. Vale lembrar que ao longo de sua carreira Quintana também publicou alguns notáveis livros dirigidos ao público infantil.

Depois de sofrer um atropelamento, o poeta octogenário não deixará de produzir e galgará novas alturas em matéria de prêmios, homenagens, títulos universitários honorários. Em meio a tantas glórias, a maior é ver-se poeta popular, concretizando a fusão com a alma das gentes, meta maior de cronistas e líricos. Em 1985, é escolhido patrono da Feira do Livro de Porto Alegre, o mais clássico dos eventos literários brasileiros. Nesse ano ainda, sai o *Diário poético*, agenda pessoal de grande venda, em que a cada dia consta um pequeno texto de sua autoria.

Falece em 1994, aos 88 anos de idade. Seus últimos e produtivos dez anos trouxeram antologias, novos livros de poemas, novas coletâneas de crônicas do *Caderno H*, livros infantis. Já nesse período, e de forma mais intensa postumamente, sua obra frutifica em adaptações, encenações, musicalizações. A palavra do poeta fertiliza.

Italo Moriconi

Fontes: CARVALHAL, Tania Franco. Cronologia, in *Mario Quintana – poesia completa*, Rio de Janeiro, Ed. Nova Aguilar, 2005. FISCHER, Luís Augusto. Viagem em linha reta, in *Mario Quintana/Cadernos de literatura brasileira*, São Paulo, Instituto Moreira Salles, 2009.

Cronologia da obra

OBRAS PUBLICADAS

A rua dos cataventos (1940)

Canções (1946)

Sapato florido (1948)

O aprendiz de feiticeiro (1950)

Espelho mágico (1951)

Inéditos e esparsos (1953)

Caderno H (1973)

Apontamentos de história sobrenatural (1976)

A vaca e o hipogrifo (1977)

Esconderijos do tempo (1980)

Baú de espantos (1986)

Da preguiça como método de trabalho (1987)

Preparativos de viagem (1987)

Porta giratória (1988)

A cor do invisível (1989)

Velório sem defunto (1990)

Água: os últimos textos de Mario Quintana (2001, póstumo)

Obra reunida

Poesias (Porto Alegre, Globo, 1962)

Poesia completa (Rio de Janeiro, Nova Aguilar, 2005)

Infantojuvenil

O batalhão das letras (1948)

Pé de pilão (1975)

Lili inventa o mundo (1983)

Nariz de vidro (1984)

Sapo amarelo (1984)

Primavera cruza o rio (1985)

Sapato furado (1994)

Traduções no exterior

Objetos perdidos y otros poemas (Buenos Aires, 1979)

Mario Quintana: poemas (Lima, 1984)

[Em antologias]

Brazilian literature (Nova York, 1945)

Poesía brasileña contemporánea (Montevidéu, 1947)

Antologia de la poesía brasileña (Madri, 1952)

Un secolo di poesia brasiliana (Siena, 1954)

Anthologie de la poésie brésilienne contemporaine (Paris, 1954)

Nuestra America. Antología de la poesía brasileña: cuadernillos de poesía (Buenos Aires, 1959)

Antologia poética de la poesía brasileña (Barcelona, 1973)

Las voces solidarias (Buenos Aires, 1978)

Índice de títulos

Este livro foi impresso
pela Geográfica para a
Editora Objetiva em
agosto de 2012.